insel taschenbuch 4154
Marcel Proust für Boshafte

W0074777

Marcel Proust
für Boshafte

Ausgewählt und mit einem Nachwort
versehen von Rainer Moritz
Insel Verlag

Umschlagabbildung: Tullio Pericoli / Margarethe Hubauer

insel taschenbuch 4154
Originalausgabe
Erste Auflage 2012
© Insel Verlag Berlin 2012
Alle Rechte vorbehalten, insbesondere das der
Übersetzung, des öffentlichen Vortrags
sowie der Übertragung durch Rundfunk und
Fernsehen, auch einzelner Teile.
Kein Teil des Werkes darf in irgendeiner Form
(durch Fotografie, Mikrofilm oder andere Verfahren)
ohne schriftliche Genehmigung des Verlages
reproduziert oder unter Verwendung elektronischer Systeme
verarbeitet, vervielfältigt oder verbreitet werden.
Quellenverzeichnis am Schluß des Bandes
Vertrieb durch den Suhrkamp Taschenbuch Verlag
Umschlag: Michael Hagemann
Satz: Hümmer GmbH, Waldbüttelbrunn
Druck: CPI – Ebner & Spiegel, Ulm
Printed in Germany
ISBN 978-3-458-35854-1

Inhalt

Die Frauen

Diese junge Frau hatte ein zu ausladendes, beinahe lächerlich wirkendes Hinterteil, eine hübsche, aber zu dünne Stimme, die infolge der Aufregung noch schwächer wurde und zu jener kräftigen Muskulatur in scharfem Gegensatz stand.

SZ 3, 239

Die Herzogin von Guermantes, rosig und blond, hatte einen Ausdruck der Ermattung, der daher rührte, daß nicht nur diese Matinee, sondern auch das Leben schon geraume Zeit währte.

NW 498

Frauen, die man bei einer Kupplerin kennenlernt, sind nicht interessant, denn sie bleiben unveränderlich.

SZ 3, 509

Später habe ich mich immer wieder darüber gewundert, wie in dieser Gesellschaft melancholische, reine, hingeopferte und wie ideale Kirchenfensterheilige verehrte Frauen demselben genealogischen Stamm entsprießen konnten wie deren rohe, sittenlose und gemeine Brüder.

SZ 3, 349

Seine Frau war eine Person von etwa sechzig Jahren, äußerst groß, äußerst fest, äußerst nichtssagend, von unaufhörlicher Majestät; vielleicht war sie einmal bewundernswürdig gewesen, doch man dachte nicht daran, sondern nur an die äußerste Langeweile, die sie um sich verbreitete.

JS 1, 419

Denn wie alle Frauen, in deren Leben verschiedene Dinge eine Rolle spielen, besaß sie Stützen, die niemals versagen: Zweifel und Eifersucht.   SZ 4, 296

Trotz ihrer Gewöhnlichkeit war sie prätentiös in ihren Bewegungen, und ich unterhielt mich damit, zu raten, welcher sozialen Kategorie sie wohl angehören mochte; ich kam rasch zu dem Ergebnis, sie müsse so etwas wie die Inhaberin eines großen Freudenhauses, eine Puffmutter auf Reisen sein. Ihr Gesicht und ihre Manieren sagten es deutlich. Ich hatte nur bislang nicht gewußt, daß solche Damen die *Revue des Deux Mondes* lasen.   SZ 4, 380

... betrachtete ich Madame de Cambremer. Ich hatte Mühe, das Schmelzende und Liebliche, das ich neulich zur Zeit des Nachmittagstees neben mir auf der Terrasse von Balbec vorgefunden hatte, in dem normannischen Trockenkeks wiederzuerkennen, der jetzt hart wie ein Kiesel vor mir stand und an dem die Getreuen sich die Zähne ausbeißen würden.   SZ 4, 462 f.

Ein Philosoph, der für sie nicht modern genug war, Leibniz, hat gesagt, es sei ein langer Weg vom Verstand zum Herzen. Diesen Weg hatte Madame de Cambremer ebensowenig wie ihr Bruder zurückzulegen vermocht.   SZ 4, 475

Sie war wie fast alle Frauen: Sie bilden sich ein, ein Kompliment, das man ihnen macht, müsse der reinste Ausdruck der Wahrheit sein und stelle ein Urteil dar, das man unparteiisch fällt und ganz unweigerlich, als handle es sich um einen Kunstgegenstand ohne Beziehung auf eine Person.   SZ 4, 511 f.

Wie vielen nervösen Personen nämlich flößte ihr die Nervosität der anderen – zweifellos, weil sie allzusehr ihrer eigenen
glich – nacktes Grauen ein.   SZ 7, 231

Frauen von Geist haben dermaßen Angst, man könnte sie be-
schuldigen, den *chic* zu lieben, daß sie ihn niemals erwähnen.
                                                               FT 60

Eine junge Frau, die ich früher gekannt hatte, die jetzt weiß-
haarig und zu einer boshaften kleinen Person zusammenge-
schrumpft war, erschien mir wie ein Hinweis darauf, daß
notwendigerweise im Schlußballett eines Stücks die Mitopie
ler so verkleidet auftreten, daß man sie nicht erkennt.
                                                               SZ 7, 346

Dieses Aussehen war so verschieden von demjenigen, das ich
an ihr gekannt hatte, daß man hätte meinen können, sie sei
wie eine Person in einem Märchenspiel dazu verurteilt, zunächst als junges Mädchen, dann als füllige Matrone aufzu-
treten, um zweifellos bald darauf als kopfwackelnde und zu
Boden gekrümmte Alte noch einmal über die Bühne zu ge-
hen.   SZ 7, 362

Im übrigen betrog und pflegte Odette Monsieur de Guermantes ohne Charme und ohne Größe. Sie war mittelmäßig
in dieser Rolle wie in allen übrigen. Nicht, daß das Leben
ihr nicht oft recht schöne angeboten hätte, doch sie zu spielen verstand sie nicht.   SZ 7, 486

Madame Verdurin schwamm in Wonne wie eine alte Geliebte, die in dem Augenblick, da ihr junger Liebhaber sie verlassen will, mit Erfolg seine Heirat zum Scheitern bringt.

SZ 5, 451

Darin liegt das ganze Geheimnis der Wandlung im Verhalten
von Frauen, die uns nicht lieben. Sie verweigern uns eigen-
sinnig ein Rendezvous für den folgenden Tag, weil sie müde
sind oder weil ihr Großvater verlangt, daß sie bei ihm zum
Abendessen erscheinen. »Dann kommen Sie doch hinterher«,
reden wir ihr zu. »Er erwartet immer, daß ich bis zu sehr später Stunde bleibe. Außerdem bringt er mich möglicherweise
zurück.« Sie haben eben ganz einfach bereits ein Rendezvous
mit jemandem, der ihnen gefällt. Plötzlich ist dieser Jemand
aber gar nicht frei. Dann kommen sie und sagen uns, wie sehr
sie bedauern, uns Kummer bereitet zu haben. Sie würden
eben ihren Großvater versetzen und lieber bei uns bleiben,
da ihnen sowieso an nichts anderem gelegen sei. SZ 5, 558

Ihre Augen schienen einen für immer in den kranken Wassern der Wehmut untergegangenen Geist zu versprechen.

FT 138

Wann immer andere einen noch so kleinen Vorteil ihr voraus-
zuhaben schienen, redete sie sich ein, daß es kein Vorteil,
sondern ein Mangel sei, und bedauerte sie, um sie nicht be-
neiden zu müssen. SZ 1, 34 f.

Selbst Frauen, die behaupten, sie beurteilten einen Mann nur
nach seiner äußeren Erscheinung, sehen darin den Ausdruck

einer besonderen Art von Leben. Deshalb lieben sie Soldaten oder Feuerwehrleute; die Uniform bewirkt, daß sie weniger auf das Gesicht schauen; unter dem Küraß wähnen sie ein ganz anderes, verwegeneres und liebebereiteres Herz zu küssen; und ein junger Fürst, ein Thronerbe, hat, um in den fremden Ländern, die er besucht, die schmeichelhaftesten Eroberungen zu machen, nicht das regelmäßige Profil nötig, das für einen Börsenmakler vielleicht unerläßlich wäre.

SZ 1, 148

Da sie keinerlei Bildung besaß und Angst vor Schnitzern hatte, sprach sie absichtlich möglichst undeutlich in der Hoffnung, daß, wenn sie etwas Falsches sagte, ihre Rede in einem solchen Gemurmel untergehen werde, daß es nicht mehr mit Sicherheit festzustellen sei.

SZ 1, 297

»Ich habe Odette wirklich riesig gern, aber um mit ihr einen Gedankenaustausch über ästhetische Theorien zu pflegen, muß man schon ein ausgemachter Gimpel sein!«

SZ 1, 331

Aber seitdem die Fürstin des Laumes durch ihre Kusine wußte, daß Swann anwesend sei, hätte Chopin selbst aus dem Grabe steigen und seine sämtlichen Werke vortragen können, ohne daß sie darauf achtgegeben hätte. Gehörte sie doch zu derjenigen Hälfte der Menschheit, die, anstatt auf alle unbekannten Wesen neugierig zu sein, sich nur für die ihr bekannten interessiert.

SZ 1, 485

Sie wußte, daß ein großer Teil des Vergnügens, das eine Frau daran findet, in ein anderes Milieu als ihr bisheriges einzu-

dringen, ihr abgehen würde, wenn sie nicht ihre alten Bekanntschaften von den verhältnismäßig glänzenderen Beziehungen, die an ihre Stelle getreten sind, in Kenntnis setzen
könnte. SZ 2, 129

»Meine Nichte Albertine ist da ganz wie ich. Die Kleine ist
auch keineswegs auf den Mund gefallen. Letzte Woche hatte
ich bei meinem Jour die Frau des Universitätssekretärs im
Finanzministerium, die behauptete, sie verstehe nichts von
der Küche. ›Aber Madame‹, sagte meine Nichte da mit ihrem
charmantesten Lächeln zu ihr, ›Sie müßten es doch wissen,
Ihr Vater war doch Küchenjunge!‹« SZ 2, 246

Ich fand sie sehr langweilig; sie hätte schön sein können, wäre sie zwanzig Jahre alt gewesen und hätte einen Ochsen
durch die Campagna geführt. SZ 2, 610

Bekleidungsfragen

Einmal war das, was ich sah, nicht nur eine Frau mit einem Vogelschnabel, sondern fast selbst schon ein Vogel: Kleid und Toque von Madame de Guermantes bestanden ganz aus Pelz, und da man keinen Stoff daran wahrnahm, schien sie von Natur mit einem Haarkleid bedeckt, so wie gewisse Geier, deren dichtes, einheitlich gefärbtes, gelbbraunes weiches Gefieder wie eine Art Fellüberzug wirkt.   SZ 3, 81 f.

Er mag ja eine Koryphäe sein, aber bei welcher Gelegenheit man einen Zylinder trägt, weiß er offenbar nicht. Hier, zwischen allen diesen Frauenzimmern ohne Hut, sieht er wie ein angesäuselter kleiner Provinznotar aus.   SZ 3, 701

So schien sie für immer in die Periode endgültiger Keuschheit übergetreten zu sein, und noch nie war sie eleganter gewesen.   SZ 6, 399

»Sehen Sie nur diese kleine malvenfarbene Halskrause, die die Blüten tragen; nur, wie es auch bei sehr hübschen und sehr gut angezogenen Personen vorkommt, haben sie einen häßlichen Namen und riechen außerdem schlecht.« SZ 3, 722

Die Bewegungen von Kopf, Hals und Beinen hätten bei ihm eine gewisse Anmut gehabt, wenn er noch neun Jahre alt gewesen und mit blonden Locken, einem großen Spitzenkragen und in kleinen Stiefelchen aus rotem Leder aufgetreten wäre.   SZ 4, 403

Was Kleider und Hüte anbetrifft, so werden gewisse böse Zungen oder allzu radikale Theoretiker behaupten, daß die Neigung eines Mannes zu männlichen Reizen ihre Kompensation im angeborenen Hang zur weiblichen Toilette, in ihrer Erforschung und Kennerschaft hat.   SZ 5, 292

Ich tröste mich damit, an die Frauen zu denken, die ich gekannt habe, heute, wo es keine Eleganz mehr gibt. Doch wie sollten Leute, die diese furchtbaren Geschöpfe unter den aus einem Vogelhaus oder einem Gemüsegarten bestehenden Hüten anschauen, sich auch nur eine Vorstellung machen können, wie zauberhaft Madame Swann mit einer schlichten malvenfarbenen Kapotte oder einem kleinen Hut aussah, den nur eine einzige aufwärts gerichtete Irisblüte überragte?   SZ 1, 613

»Irgendwo muß er doch einfältig sein. Sie hat Füße wie Schleppkähne, einen Bart wie eine Amerikanerin und schmutzige Unterwäsche! Ich glaube, nicht mal ein kleines Fabrikmädchen würde so was anziehen wollen.«   SZ 2, 564

Er zögerte keinen Augenblick, wenn es sich darum handelte, ob bei dieser oder jener Gelegenheit ein Smoking oder ein Pyjama angebracht sei, hatte aber keine Ahnung davon, in welchem Fall man ein bestimmtes Wort verwenden kann oder nicht, ja nicht einmal von den einfachsten Regeln der französischen Sprache.   SZ 2, 651

»Sie ist tatsächlich sehr einfach angezogen. Aber einfach himmlisch. Und um das zu erreichen, was Sie einfach nennen, gibt sie ein Wahnsinnsgeld aus.«   SZ 2, 660

20

Später erzählte man Jean, Monsieur de Lomperolles besitze vierzig Perücken, von denen die eine jeweils einen um ein geringes kürzeren Haarschnitt aufweise. Wenn er bei der längsten angekommen war, setzte er ohne Übergang die kürzeste auf, um den Anschein zu erwecken, er lasse sich jeweils das Haar schneiden. Da von diesem Tag an sein Haar scheinbar wieder wachsen mußte, trug er jeden Tag vierzig Tage lang eine jeweils etwas langhaarigere Perücke. JS 2, 760 f.

Was ihre Toilette betrifft, gehörte sie zu jenen Personen, deren sämtliche Anstrengungen, schön zu erscheinen, nur dazu führen, sie häßlicher und lächerlicher erscheinen zu lassen.

JS 2, 861

»Ich habe eine alte Cousine von vierundachtzig Jahren, die das Bedürfnis hat, alle Abende ihre falschen Diamanten, ihre falschen Haare und ihre falschen Zähne an allen übelbeleumundeten Orten von Paris vorzuführen, und ich zweifle nicht daran, daß sie ihre falschen Diamanten, falschen Haare und falschen Zähne im Salon des Hauses Picpus vorführt, was ganz allerliebst ist.« NW 324

In bester Gesellschaft

Bestimmte Formen der Existenz sind so wenig normal, daß sie zwangsläufig gewisse Fehlbildungen hervorbringen müssen, beispielsweise die Existenz, die der König in Versailles unter seinen Höflingen führte, seltsam wie die eines Pharao oder Dogen, und weit mehr noch als die des Königs die der Höflinge. Die Existenz der Dienstboten aber ist bestimmt von einer noch monströseren Seltsamkeit, die nur die Gewöhnung uns verbirgt. SZ 3, 85

Oh, diese Aristokraten! Die Revolution hat unrecht getan, sie nicht alle zu köpfen. Das ist ein finsteres Lumpenpack, soweit sie nicht einfach infame Trottel sind. SZ 3, 212

Eine große Dame sein heißt die Rolle einer großen Dame spielen, und das heißt zu einem Teil Schlichtheit spielen. Es ist dies ein Spiel, das sehr teuer wird, um so mehr als Schlichtheit nur unter der Bedingung bewundert wird, daß die anderen wissen, man könne auch anders als schlicht sein, man sei nämlich überaus reich. SZ 3, 325

»Meine Schwägerin ist eine entzückende Frau, die sich einbildet, noch in der Zeit der Romane Balzacs zu leben, wo die Frauen auf die Politik Einfluß genommen haben. Der Umgang mit ihr könnte sich im gegenwärtigen Augenblick nur ungünstig für Sie auswirken, wie übrigens jeder Verkehr in der Gesellschaft.« SZ 3, 410

Daß jemand den gleichen Namen trägt wie man selbst, ohne der gleichen Familie anzugehören, ist ein gewichtiger Grund, ihn zu verachten. SZ 3, 517

In der vornehmen Welt ist man so daran gewöhnt, umworben zu werden, daß, wer sie meidet, wie ein Phönix erscheint und Aufmerksamkeit erregt. SZ 3, 529

Für einen Guermantes (auch wenn er selber dumm war) bedeutete geistreich sein dasselbe wie Spitzzüngigkeit, die Gabe, Bosheiten zu sagen, sich durchzusetzen. SZ 3, 519

Wenn eine kluge, gebildete, geistreiche Frau einen schüchternen Dummkopf geheiratet hatte, den man selten sah und von dem man niemals etwas hörte, fand Madame de Guermantes für sich selbst eines schönen Tages einen geistigen Genuß darin, nicht nur die Frau herabzusetzen, sondern auch deren Gatten zu »entdecken«. SZ 3, 659

Zufällig aber war Legrandin selbst ein praktizierender Homosexueller. Um so größer war sein Vergnügen, sich über die Homosexualität auszulassen, und sein Genuß daran, die anderen zu brandmarken. Die nichtsahnende Öffentlichkeit hielt ihn für einen Vertreter der alten Sitten. NW 459

Sein Haß gegen die Snobs ging aus seinem Snobismus hervor, legte aber naiven Menschen, das heißt aller Welt, die Überzeugung nahe, daß er frei davon sei. SZ 3, 706

»Was für ein Flegel! Er fährt uns nicht einmal nach Hause.
Wozu lädt man denn reiche Leute ein?« bemerkte Monsieur
Marmet.   JS 2, 769

Ihr Besuch hat mich äußerst krank gemacht, und heute
abend, erstickend und röchelnd, verwünsche ich Sie, daß Sie
gekommen sind. Ganz im Ernst: Wiederholen Sie Ihren Besuch nicht!   BzL, 170

Falls Sie Loche meine Grüße noch nicht ausgerichtet haben,
täten Sie gut daran, es zu unterlassen. Dieselben liefen nämlich Gefahr, gleich den Sternstrahlen bei ihm anzukommen,
die uns erreichen, wenn die Leuchtkraft des Sterns schon er-
loschen ist.   BzL, 175

Wenn man mich fragen sollte, weshalb ich Sie nicht einlade
(da ich einige kleine Abendessen geben will), werde ich sagen, ich wüßte, daß Sie von Ihrer Familie, Ihrer Geliebten, Ihrem Schloß und Ihrem Regiment sehr in Anspruch genommen seien.   BzL, 184

Die Menschen enttäuschen derart, daß ich wißbegieriger auf
Blumen bin, auf so viel Dinge, die man in seinem Zimmer
nicht sieht.   BzL, 487

Ich werde jene drei Zeilen Ihres Briefes abschneiden und ver-
brennen, um nicht in die Versuchung zu geraten, sie jemals
wieder zu lesen.   BzL, 549

Man würde entschieden besser daran tun, sich nicht in die Dinge des äußeren Weltlaufs einzumischen, wenn man in seinem Bett lebt und die Cliquen und ihre literarischen Streitereien nicht kennt. BzL, 639

Leider sind in der Gesellschaft ebenso wie in der Welt der Politik die Opfer so feige, daß man den Henkern nicht lange böse sein kann. SZ 4, 153

Die Fortschritte der Zivilisation gestatten jedem, ungeahnte Vorzüge oder neue Laster zu offenbaren, durch die er seinen Freunden um so teurer oder um so unerträglicher wird.
SZ 4, 195

Selbst die bescheidenen Freuden der Dienerinnen rufen bei den Herrschaften entweder Ablehnung oder Spott hervor. Denn es handelt sich immer um ein Nichts, aber um etwas albern Sentimentales und etwas, was gegen die Hygiene verstößt. SZ 4, 263

Die Bequemlichkeit eines großen Hotels wie auch der Art von Häusern, wie früher Rachel eines frequentierte, besteht darin, daß ohne alle Umwege der Anblick eines Hundertfrancsscheins, erst recht aber der eines Tausenders, selbst wenn er zunächst einmal einem anderen überreicht wird, auf dem bis dahin eisigen Gesicht eines Angestellten oder einer Frau ein Lächeln und Angebote sichtbar werden läßt. In der Politik hingegen, wie auch in den Beziehungen zwischen einem Liebhaber und seiner Geliebten, stehen zu viele Dinge zwischen dem Geld und der Gefügigkeit. SZ 4, 334 f.

Sie setzte hinzu: »Ich besuche nur drei Häuser«, wie jene Autoren, die in der Befürchtung, es werde wohl keine vierte geben, ausdrücklich ankündigen, ihr Stück werde nur drei Aufführungen haben. SZ 4, 409

Andererseits gestatteten sie ihm, in der Form einer nachlässigen Schmeichelei den Männern der Wissenschaft, die nicht zum Jockey-Club gehörten, darzutun, daß man gleichzeitig auf die Jagd gehen und Fabeln gelesen haben konnte. Bedauerlicherweise kannte er kaum mehr als zwei. SZ 4, 464

Denn sie war zwar sehr kultiviert, doch wie gewisse zur Fettleibigkeit neigende Personen kaum etwas essen, sich den ganzen Tag bewegen und doch zusehends immer dicker werden, mochte Madame de Cambremer sich noch so sehr, besonders in Féterne, in eine immer esoterischere Philosophie und immer schwierigere Musik vertiefen: Auch nach Absolvierung dieser Studien tat sie nichts anderes als Intrigen spinnen.

SZ 4, 475

So wechseln zum Beispiel bürgerliche Leute ihren Namen leicht aus Eitelkeit, große Herren, wenn es ihnen zum Vorteil gereicht. SZ 4, 681

Es plauderten auch viele mit uns, bei denen ich immer die Vermutung hegte, daß sie sich nur an der ihrem Schlößchen nächstgelegenen Station auf dem Bahnhof einfanden, weil sie nichts anderes zu tun hatten, als einen Augenblick hier Bekannte wiederzusehen. SZ 4, 750

Besonders aber seitdem Leibesübungen aller Art in Gunst stehen, hat der Müßiggang sportliche Form angenommen, selbst außerhalb der dem Sport gewidmeten Stunden, eine Form, die sich nicht mehr in Lässigkeit, sondern in einer fieberhaften Lebhaftigkeit zeigt, die der Langeweile weder Zeit noch Raum zur Entwicklung zu lassen wähnt.   SZ 7, 9

Ich hatte bereits bei verschiedenen Personen bemerkt, daß das Zurschautragen lobenswerter Gefühle nicht die einzige Art ist, schlechte zu verbergen, sondern daß eine neue Methode im offenen Bekennen letzterer besteht, wobei man dann wenigstens nicht den Anschein erweckt, als wolle man etwas verbergen.   SZ 7, 66

Für die Börse ist jeder kranke Souverän, ob es sich nun um Edward VII. oder Wilhelm II. handelt, bereits verstorben, jede Stadt, die belagert wird, auch schon eingenommen.

SZ 7, 70

Doch häßliche und prunkvolle Dinge können sehr nützlich sein, denn sie genießen bei Leuten, die uns nicht verstehen, die unseren Geschmack nicht teilen und in die wir uns vielleicht verlieben, ein Ansehen, die ein stolzes Objekt, das seine Schönheit nicht preisgibt, nicht hätte. Nun sind aber diejenigen, die uns nicht verstehen, die einzigen, bei denen es uns von Nutzen sein kann, ein Ansehen zu besitzen, das uns bei edleren Seelen allein unsere Intelligenz verschafft.

SZ 5, 248

Es ist furchtbar, wenn man die Existenz einer anderen Person an sich geheftet sieht wie eine Bombe, die man festhalten muß und nicht fallen lassen darf, ohne ein Verbrechen zu begehen.   SZ 5, 254

Und es fällt uns schwer, an Laster zu glauben, so wie wir nie und nimmer an die Genialität eines Menschen glauben können, mit dem wir noch am Tag zuvor in der Oper gewesen sind.   SZ 5, 321

Es ist mit der Gesellschaft wie mit sexuellen Neigungen, bei denen man nie weiß, in welche Perversionen sie ausarten können, sobald erst einmal ästhetische Gründe für ihre Wahl ausschlaggebend werden.   SZ 5, 334

»Ah!« rief Monsieur de Charlus, als er sah, daß Morel da war, und ging auf den Musiker mit der Beschwingtheit eines Menschen zu, der umsichtig seinen ganzen Abend auf die Begegnung mit einer Frau ausgerichtet hat und nun in seinem Freudenrausch nicht ahnt, daß er selbst sich die Falle gestellt hat, wo ihn die von dem Ehemann hierzu bestellten Männer vor aller Welt ergreifen und verprügeln werden.   SZ 5, 452 f.

Und so heuchlerisch sind auch die ehrlichsten Menschen, so sehr stellen sie im Gespräch mit einem anderen ihre Meinung über ihn zurück, zu der sie sich doch gleich wieder bekennen, wenn er nicht mehr anwesend ist, daß meine Eltern Swanns Heirat zusammen mit Vinteuil im Namen von Prinzipien und Konventionen beklagten, deren Verletzung in dessen eigenem Haus in Montjouvain sie (dadurch, daß sie gemeinsam mit ihm unter rechtschaffenen Leuten vom gleichen Schlag ihre Gültigkeit verfochten) stillschweigend übergingen.   SZ 1, 219

Jede »Neuerwerbung«, die die Verdurins nicht davon überzeugen konnten, daß die Abendgesellschaften der Leute, die nicht bei ihnen verkehrten, todlangweilig seien, sah sich gleich wieder ausgeschlossen.   SZ 1, 274

Dreiviertel der Spesen an Geist und Eitelkeitslügen, die seit Erschaffung der Welt von Leuten gemacht worden sind, die sich dadurch nur selbst herabsetzen konnten, sind für sozial Untergeordnete aufgewendet worden.   SZ 1, 279

Alles in allem erschien ihm das Leben, das man bei den Verdurins führte und das er so oft als das »wahre Leben« bezeichnet hatte, jetzt als das schlimmste von allen und ihr kleiner Kreis als ein unvorstellbar niedriges Milieu. Er ist wirklich, dachte er bei sich, die unterste Stufe auf der sozialen Leiter, der letzte Dantesche Höllenkreis. Kein Zweifel, daß der erhabene Text sich auf die Verdurins bezieht!   SZ 1, 416 f.

Und Madame Cottard nahm ihre weiß behandschuhte Rechte aus dem Muff, um sie Swann zu reichen, ein Umsteigefahrschein entflatterte ihr, eine Vision von »high-life« erfüllte den Omnibus, mit dem Geruch von Fleckenwasser vermischt.
                                                                                                 SZ 1, 544

So glich der Salon der Swanns jenen Hotels in Badeorten, in denen die Depeschen ausgehängt werden.   SZ 2, 125

Ein und dasselbe Wesen bewegt sich, wenn man es in aufeinanderfolgenden Phasen des Lebens betrachtet, auf verschiedenen Sprossen der sozialen Stufenleiter in Milieus, die nicht unbedingt immer höher angesiedelt sind, und jedesmal, wenn wir in einer neuen Daseinsperiode zu einem bestimmten Milieu Bande neu oder wieder knüpfen, plätschern wir behaglich darin und fangen ganz selbstverständlich an, menschlich Wurzeln zu schlagen.   SZ 2, 128

Ihr Dünkel bewahrte sie vor jeder menschlichen Sympathie, vor jedem Interesse an den Unbekannten, die rings um sie saßen und in deren Mitte Monsieur de Stermaria die eisige, eilige, distanzierte, unzugängliche, abweisende und übelgelaunte Miene bewahrte, die man an einem Bahnhofsbüfett inmitten von Reisenden aufsetzt, die man niemals gesehen hat, nie wiedersehen wird und mit denen einen nur die Tatsache in Beziehung setzt, daß man sein kaltes Huhn und seinen Platz im Abteil gegen sie zu verteidigen gedenkt.   SZ 2, 363

Um sich von einer jüdischen Familie zur anderen an die freie Luft emporzuarbeiten, hätte es für Bloch einer Spanne von mehreren Jahrtausenden bedurft. Besser war es, sich auf einem anderen Weg einen Durchbruch zu verschaffen.
                                                        SZ 2, 457

Sie war bestimmt tief betrübt, daß sie mir eine Freude hatte versagen müssen, und machte mir einen kleinen goldenen Bleistift zum Geschenk aus jener tugendhaften Perversität heraus, mit der bestimmte Leute, von der Liebenswürdigkeit eines anderen gerührt, jedoch entschlossen, ihm nicht zu ge-

währen, was er sich eigentlich wünscht, ihm auf andere Art
eine Gunst erweisen.   SZ 2, 740 f.

Er sah aus, als inspiziere er das Nichts, als wolle er mit seiner
gepflegten äußeren Erscheinung die Misere, die man überall
im Hotel verspürte, denn die Saison war nicht gut gewesen,
als einen vorübergehenden Zustand hinstellen und als suche
er wie der Geist eines Souveräns die Ruinen dessen auf, was
einst sein Palast gewesen war.   SZ 2, 755

Der Snobismus gewisser Personen gleicht jenen angenehmen
Getränken, denen sie nützliche Substanzen beimischen.
                                              SZ 6, 257

Seine Schnelligkeit hatte übrigens psychologische Gründe.
Er hatte die Gewohnheit, gewisse fragwürdige Häuser aufzu-
suchen, wollte aber dort beim Kommen und Gehen nicht bemerkt werden, sondern stürzte sich geradezu hinein.   SZ 6, 371

Die bigotteste Bäuerin hätte gespürt, daß von der Seele einer
solchen Jüdin ein lieblicherer Duft zu unserem Herrgott auf-
stieg als von sämtlichen Christen-, Pfarrer- und Heiligensee-
len.   JS 2, 614

Unsere Freundin schreibt uns, um uns zu sagen, daß sie uns
nicht liebt, aber sie schreibt »Mein lieber Freund«, sie spricht
zu uns von ihren »liebevollen Gefühlen«, und wir lassen uns
von diesen Worten so bereitwillig wie von gefälligen Kupple-
rinnen genau alles das sagen, was wir gern hören mögen.
                                              JS 2, 658

Im übrigen wird das gesellschaftliche Leben von drei Dingen beherrscht, die tatsächlich fast den gesamten Formalismus ausmachen: dem Snobismus, das heißt der Bewunderung dessen, was bei den anderen von ihrer Persönlichkeit unabhängig ist, dem Klatsch, das heißt der den größten Teil der Zeit (unter dem Vorwand der Kritik) dem äußeren Schein gewidmeten, angespannten Aufmerksamkeit, und drittens der Konvenienz oder Etikette, das heißt der Erhebung des Formalismus zu einem wirklichen Wert, der wirklicher sogar als alles übrige ist. JS 2, 685 f.

Unaufhörlich ringsum auf der Suche nach Elend, das er mildern könnte, bevölkerte er seine Phantasie beständig mit den Unglücklichen, deren Jammerdasein er mit der Hälfte seiner Einkünfte unterhielt. JS 1, 74

Die Personen der Welt sind so mittelmäßig, daß Violante sich nur herablassen mußte, sich unter sie zu mischen, um sie fast alle in den Schatten zu stellen. FT 46

So, in solcher friedlichen Monotonie verlief häufig der Abend im alten Palais Réveillon. Menschliche Gefühle, die Bande der Familie und des geselligen Verkehrs – die Gesprächsthemen erlangten durch den höheren Rang der Partner keine besondere Originalität. JS 1, 344

Gesundheitsprobleme

Denn da die Medizin ein Kompendium aufeinanderfolgender und einander widersprechender Irrtümer der Ärzte ist, hat man, wenn man die vorzüglichsten unter ihnen an sein Krankenbett ruft, beste Aussicht, eine Wahrheit um Hilfe anzugehen, die wenige Jahre darauf als falsch erkannt sein wird. An die Medizin zu glauben wäre also der größte Wahnwitz, wofern es nicht ein noch größerer wäre, nicht an sie zu glauben, denn aus dieser Häufung von Irrtümern sind auf lange Sicht ein paar Wahrheiten hervorgegangen. SZ 3, 418

Die Irrtümer der Ärzte sind ohne Zahl. Gewöhnlich sind sie zu optimistisch mit Bezug auf die Diät des Kranken, zu pessimistisch aber, was den Ausgang des Leidens betrifft. SZ 4, 65

Kurz, meine Tante verlangte gleichzeitig, daß man ihre Lebensweise guthieß, daß man sie um ihrer Leiden willen beklagte und sie dennoch völlig beruhigt in die Zukunft blicken ließ. SZ 1, 104

Die Intoxikationen dienen auch dazu, den Patienten zu beruhigen, der mit Vergnügen erfährt, seine Lähmung sei einzig toxisch bedingt. SZ 4, 291

Der gelehrige Cottard hatte zu der Patronne gesagt: »Regen Sie sich nur weiter so auf, und Sie werden *mir* morgen 39° Fieber produzieren«, wie er zu seiner Köchin gesagt hätte: Morgen machen Sie mir ein Kalbsbries zu Mittag. Wenn auch die

Medizin nicht wirklich zu heilen vermag, gibt sie sich wenigstens damit ab, den Sinn der Verben und Pronomina abzuwandeln.   SZ 4, 441

Wir wissen, daß kalte Bäder uns nicht bekommen, aber wir lieben sie: Wir werden immer einen Arzt finden, der uns dazu rät und nicht etwa zu verhindern sucht, daß sie uns schaden.

SZ 5, 261

Meine Tante hatte nach und nach alle anderen Besucher ausgeschaltet, weil sie in ihren Augen den Fehler besaßen, einer der beiden Kategorien von Leuten anzugehören, die sie verabscheute. Die einen, die schlimmeren und deren sie sich zuerst entledigt hatte, waren diejenigen, die ihr rieten, nicht so sehr auf sich selbst »achtzuhaben«, und die, sei es auch nur in negativer Form – etwa durch schweigende Mißbilligung oder durch ein zweifelndes Lächeln –, die umstürzlerische Meinung vertraten, daß ein kleiner Spaziergang in der Sonne oder ein schönes englisches Beefsteak (wo doch schon zwei armselige Schluck Vichywasser sie vierzehn Stunden lang im Magen drückten) ihr sehr viel besser tun würden als ihr Bett und ihre Medizin. Die andere Kategorie bestand aus Personen, die sie für weit ernstlicher krank hielten, als sie selber meinte, nämlich so krank, wie sie zu sein behauptete.   SZ 1, 102 f.

»Cottard ist ein Esel. Selbst wenn man annimmt, das hindere ihn nicht, ein guter Arzt zu sein – was ich mir schlecht vorstellen kann –, so hindert es ihn doch bestimmt, ein guter Arzt für Künstler, für intelligente Menschen zu sein.«

SZ 2, 207

Da völliges Nichtstun aber die gleichen Wirkungen hervorbringt wie übertriebenes Arbeiten, und zwar sowohl auf psychischem wie auf körperlichem Gebiet, hatte die unaufhörliche Abwesenheit jedes geistigen Impulses hinter der Denkerstirn des bewußten Octave den Effekt, ihn trotz seiner nach außen hin zur Schau getragenen Ruhe mit einem völlig unergiebigen Denkbedürfnis zu erfüllen, das ihn des Nachts am Schlaf hinderte, wie es einem überarbeiteten, mit metaphysischen Problemen ringenden Philosophen hätte widerfahren können.   SZ 2, 652

So leidet ein Mann, der die schönen, beim Mondschein in den Wäldern verbrachten Nächte vergessen hat, noch immer an dem Rheumatismus, den er ihnen verdankt.   SZ 6, 165

Hypochondrisch und zudem zu Verdauungsstörungen neigend, hielt er es dieser Veranlagung wegen für unbedingt geboten, im Dunkeln zu Abend zu essen und gleich nach der Mahlzeit zwei Stunden spazierenzugehen. Eine Kerze immerhin blieb während des Essens brennen, damit man Teller, Gabeln und Gläser unterscheiden konnte, und noch in demselben Augenblick, in dem das Nachtmahl beendet war, schleppte Monsieur Lepic, damit die Verdauung nicht etwa zuvor schon einsetzen würde, seine Frau bei Regen, Schnee oder Wind zu einem zweistündigen Ausgang ins Freie und schmähte sie als die Vernichterin seiner Gesundheit, wofern sie auch nur eine Minute auf sich warten ließ.   JS 1, 76

Die Männer

»Von zehn jungen Männern sind acht kleine Lumpen, kleine Schurken, die geeignet sind, Ihnen Schaden zuzufügen, der nicht wieder gutzumachen ist.« SZ 3, 413

Ein Mann von großem Talent gibt gewöhnlich auf die Dummheit der anderen weniger acht, als ein Dummkopf es täte.
SZ 4, 133

Er war ein großer, starker, sehr dunkler, arbeitsbesessener Mann, der irgend etwas Schneidendes an sich hatte. Er sah wie ein aus Ebenholz gefertigtes Papiermesser aus. SZ 4, 447

»Ich für meine Person freilich finde ihn so herrlich blöd, daß es mich eher freut. Ich glaube, Sie haben nach Tisch seine Bemerkung gehört: ›Whist kann ich nicht spielen, aber Klavier.‹ Ist das nicht wundervoll! Groß, großartig ist das gesagt, und außerdem gelogen, denn er kann das eine sowenig wie das andere.« SZ 4, 547

Er glich einem alten Buch aus dem Mittelalter, voller Irrtümer, absurder Überlieferungen und Obszönitäten. SZ 4, 635

So lebte Monsieur de Charlus in Täuschungen dahin wie der Fisch, der meint, das Wasser, in dem er schwimmt, breite sich auch jenseits der Glasscheibe seines Aquariums aus, die ihm den Reflex davon zurücksendet. SZ 4, 662

In dem schon etwas illusionslosen Lebensalter aber, dem
Swann sich näherte, wo man sich damit zu bescheiden weiß,
selber verliebt zu sein und nicht auf allzuviel Gegenseitigkeit
zu rechnen ...   SZ 1, 286

Natürlich hatte auch der Krieg die Intelligenz Saint-Loups
nicht über ihr Niveau emporgehoben.   SZ 7, 91

Er hatte sich angewöhnt, beim Sprechen sehr laut zu schrei-
en, aus Nervosität und aus dem Bedürfnis, ein Ventil für Eindrücke zu finden, die er loswerden mußte – da er nie eine
Kunst betrieben hatte – wie ein Flieger seine Bomben, und
wäre es auf freiem Feld, sogar da, wo seine Worte niemanden
erreichten.   SZ 7, 157

»Er ist ein sehr wertvoller Mensch, der enorm viel weiß, aber
deswegen nicht verknöchert wirkt; er ist gar kein Bücher-
wurm wie so viele andere, die förmlich nach Tinte riechen.«
                                                                SZ 5, 412

Swann jedenfalls versuchte nicht, die Frauen, mit denen er
seine Zeit verbrachte, hübsch zu finden, sondern bemühte
sich, seine Zeit mit solchen zu verbringen, die er auf den ersten Blick hübsch gefunden hatte.   SZ 1, 280

Dann betrachtete er Photographien, die vor zwei Jahren aufgenommen waren, und erinnerte sich, wie zauberhaft sie gewesen war. Das tröstete ihn dann ein wenig darüber, daß er
sich ihretwegen soviel Kummer und Sorge machte.   SZ 1, 423

46

Wie viele Menschen war Swann ziemlich trägen Geistes und
ohne jede Erfindungsgabe. In Form einer allgemeinen Le-
bensweisheit war ihm zwar wohlbekannt, daß das menschliche Leben reich an Widersprüchen ist, bei jedem Einzelwe-
sen aber stellte er sich dennoch vor, daß der ihm unbekannte
Teil von dessen Leben mit dem ihm bekannten völlig iden-
tisch sein müsse. *SZ 1, 519*

»So ist dieser Bergotte! Ein völlig wirrer, geschraubter Geist,
ein Phrasendrescher, wie unsere Altvorderen es nannten, der
die Dinge, die er sagt, durch die Art, wie er sie sagt, noch ab-
stoßender macht.« *SZ 2, 70*

»Ja, nicht wahr?« meinte Bergotte, »er muß häufig einmal zwi-
schendurch den Mund halten, damit ihm nicht vor Schluß
des Abends der Vorrat an Sottisen ausgeht, der seinen Hemd-
kragen steift und seine Weste weißhält.« *SZ 2, 196*

Als Bloch mir gegenüber den Anfall von Snobismus erwähn-
te, den ich offenbar erlitten hatte, und mich aufforderte ein-
zugestehen, ich sei ein Snob, hätte ich ihm antworten können: Wäre ich einer, würde ich mit dir nicht verkehren.
SZ 2, 457

Er lebte in einer Welt der Halbheiten, in der man ins Leere
hineingrüßt und aufgrund falscher Informationen sich eine
Meinung bildet. Ungenauigkeit oder Inkompetenz mindern
jedoch die Selbstsicherheit nicht, eher im Gegenteil. *SZ 2, 495*

47

Denn sogar große Männer sind in gewissen Dingen den gewöhnlichen ähnlich und schöpfen alltägliche Entschuldigungen aus dem gleichen Vorrat wie jene, so wie sie das tägliche Brot beim gleichen Bäcker holen.   SZ 2, 624

Wie viele Intellektuelle konnte er einfache Dinge nicht einfach sagen. Er versah sie mit einem preziös gewählten Adjektiv und verallgemeinerte dann.   SZ 2, 655

Im übrigen gilt für Monsieur de Norpois, daß er – abgesehen von dem Sonderfall des 70er Krieges – alles, was ihm zupaß kam, als edelste Tugend einstufte und als Laster alles, was ihn störte, wodurch er die Rangfolge der Laster und Tugenden nicht unwesentlich veränderte.   NW 447

Da er keine intellektuellen Bedenken hegte – diese sind eher das Erbteil wirklicher Intelligenz –, versuchte er niemals, seine Eindrücke in Frage zu stellen und momentane Regungen der Sympathie oder den gelegentlichen Zauber der Liebenswürdigkeit an die ihnen gebührende Stelle zu verweisen.

JS 1, 461

Er rief sich in Erinnerung, daß all diese Frauen ihn einst geliebt hatten, und er wartete auf einen Zwischenfall oder Unfall, der sie tötete oder ihm in die Arme trieb. Doch so etwas trat nie ein. Und er dachte sich, um wieviel eintöniger und ereignisärmer als erwartet das Leben doch letztlich war.

NW 175

Er spielte Geige, falsch, aber hingebungsvoll, und hatte sich eine Stradivari zugelegt. Zu Pferde sah man ihn weniger oft, als er gewünscht hätte, denn als schlechter Reiter stürzte er bei jedem Ausritt, doch kaum hatte er sich erholt, bestieg er das Pferd erneut, um erneut zu stürzen. NW 445

Ewige Weisheiten

Man ist der Mensch seiner Überzeugung; es gibt sehr viel
weniger Überzeugungen als Menschen, daher sind alle Menschen mit derselben Überzeugung einander gleich.

SZ 3, 144

Wir sind unausgesetzt darum bemüht, unser Leben zu gestal-
ten, kopieren dabei aber unwillkürlich wie eine Zeichnung
die Züge der Person, die wir sind, und nicht derjenigen, die
wir gern sein möchten, SZ 3, 260

Man verachtet gern ein Ziel, das man nicht hat erreichen
können oder das man definitiv erreicht hat. SZ 6, 378

Das Papsttum, sagt man, rechnet nach Jahrhunderten, vielleicht aber liegt ihm Rechnen grundsätzlich fern, weil sein
Ziel und Ende im Unendlichen ruht. SZ 3, 537 f.

Denn Monsieur Barrère gehörte zu denen, die mehr als zehn
Dinge mehr schlecht als recht machen, was in den Augen der
meisten Leute gleichbedeutend damit ist, eine Sache gut zu
machen. NW 445

Es gibt nichts Melancholischeres als eine Trauer, die man
nicht tragen darf. SZ 3, 741

Alle Menschen nämlich, die den Tatsachen so große Wichtig-
keit beilegen, erkennen die Gesetzlichkeiten nicht mehr. Die

53

Welt zeigt sich ihnen auf eine romanhafte Art. Sie glauben immer, am Vorabend eines Regimewechsels zu stehen.

JS 2, 688

Doch manchmal wohnt die Zukunft schon in uns, ohne daß wir es wissen, und unsere Worte, die zu lügen meinen, bezeichnen eine nicht ferne Wirklichkeit.

SZ 4, 63

Denn das Glück ist einzig heilsam für den Körper; die Kräfte des Geistes jedoch bringt der Kummer zur Entfaltung.

SZ 7, 316

Was das Glück anbelangt, so dient es fast nur einem nützlichen Zweck: das Unglück möglich zu machen. SZ 7, 318

Ein Name ist häufig alles, was für uns von einem Menschen bestehen bleibt, nicht nur, wenn er tot ist, sondern schon zu seinen Lebzeiten.

SZ 7, 406

Die Neugier der Liebe gleicht der, die Ortsnamen in uns wekken: Obwohl sie immer enttäuscht wird, wächst sie unaufhörlich, unersättlich nach.

SZ 5, 200

Alle Menschen sterben; darin ist auch der Größte klein, lehrt die Vulgärphilosophie.

JS 2, 1070

Der Irrtum ist aber hartnäckiger als der Glaube und überprüft seine Glaubenssätze nicht.

SZ 5, 266

Doch die politischen Leidenschaften sind wie die anderen, das heißt nicht von Dauer. SZ 5, 334

Doch wer die Fehler der anderen sieht, kann, sobald die Umstände sein Bewußtsein benebeln, in ganz die gleichen verfallen. SZ 5, 350

»Vor allem aber muß man sich hüten, sich von Wörtern verlocken zu lassen; kein anderes nämlich als das Wort Moral hat mehr Dummheiten auf dem Gewissen.« SZ 5, 403

Von einem gewissen Alter an tun wir aus Eigenliebe und Scharfsinnigkeit so, als legten wir gerade auf die Dinge, die wir am meisten wünschen, keinen Wert. SZ 5, 493

Die Kriegsvorbereitungen, die das dümmste aller Sprichwörter empfiehlt, um dem Friedenswillen zum Sieg zu verhelfen, schaffen im Gegenteil zunächst bei jedem der beiden Gegner die Überzeugung, daß der andere den Bruch will, eine Überzeugung, die den Bruch herbeiführt, und wenn er stattgefunden hat, bei jedem der beiden wiederum die Überzeugung, der Gegner habe ihn gewollt. SZ 5, 519

Die Wirklichkeit ist die geschickteste aller Feindinnen. Sie führt ihre Attacken auf die Stelle unseres Herzens, an der wir sie nicht erwarteten und infolgedessen für eine Verteidigung nicht gerüstet sind. SZ 5, 557

Das menschliche Plagiat, dem man am schwersten entgeht, ist für die Individuen (und sogar für die Völker, die in ihren

Fehlern verharren und sie noch schwerwiegender machen)
immer das Plagiat ihrer selbst. SZ 6, 33

Ich stellte nur fest, daß in der Politik das Wiederholen dessen, was alle Welt meint, offenbar kein Zeichen von Mittel-
mäßigkeit, sondern von Größe ist. SZ 2, 47

Swann aber wußte vielleicht einfach, daß Großherzigkeit
häufig nur die subjektive Erscheinungsform unserer egoisti-
schen Gefühle ist, solange wir sie noch nicht benannt und
eingeordnet haben. SZ 2, 94

Der Geiz ist tatsächlich dem Prestige nicht abträglich, da er
ein Laster und demgemäß in allen Gesellschaftsklassen zu
Hause ist. SZ 2, 339

Doch was man ziemlich inkorrekt als »schlechte Erziehung«
bezeichnet, war sein Fehler, ein Defekt also, der ihm selber
entging und von dem er erst recht nicht meinte, daß andere
sich daran stießen. SZ 2, 452

In den Fällen aber, bei denen die Vervielfältigung der schwa-
chen persönlichen Vorzüge durch die Eigenliebe nicht ausrei-
chen würde, um jedem die ihm großzügiger als anderen zuge-
teilte Dosis an Glück zu garantieren, die er braucht, gibt es
den Ausweg des Neides, der den Unterschied verringern hilft.
SZ 2, 496

Mein Verstand stellte mir dieses Vergnügen als ziemlich mittelmäßig hin, seitdem es mir sicher war. SZ 2, 638

Um wieviel psychologischer als die Psychologie ist doch das Leiden! SZ 6, 7

Jeder hat seine Art, betrogen zu werden, so wie jeder seine Art hat, sich einen Schnupfen zu holen. SZ 6, 18

Die Zeit vergeht, und allmählich wird alles wahr, was man erlogen hatte. SZ 6, 66

Wenn eine Krankheit, ein Duell, ein durchgehendes Pferd bewirken, daß wir dem Tod ins Auge sehen, so meinen wir, wir hätten sonst noch das Leben, die Lust oder unbekannte Länder in Hülle und Fülle genießen können, all die Dinge, deren wir uns beraubt sehen. Ist aber die Gefahr vorbei, so finden wir nichts anderes wieder als das gleiche trübselige Leben, in dem von alledem für uns nichts existierte. SZ 6, 102

Man kann mit Freundinnen Duschen nehmen, ohne daß man sich dabei etwas Schlechtes denken muß. SZ 6, 156 f.

Freilich wissen wir nichts von der besonderen Empfindungsweise eines anderen, aber gewöhnlich wissen wir nicht einmal, daß wir nichts davon wissen, da die Empfindungsweise der anderen uns einfach gleichgültig ist. SZ 6, 194

Es ist das Unglück der anderen, daß sie in unserem Denken nur ein sehr brauchbares Regalbrett für Dinge abgeben, die es sammelt. SZ 6, 211

Von diesem Augenblick an begann ich aller Welt zu schreiben, es sei mir ein großer Kummer widerfahren, und hörte auf, ihn zu empfinden.

SZ 6, 259

Die Illusion der väterlichen Liebe ist vielleicht nicht geringer als die der anderen; viele Töchter sehen in ihrem Vater nur einen alten Mann, der ihnen sein Vermögen hinterläßt.

SZ 6, 263

Die Lüge ist für die ganze Menschheit ganz unabdingbar.

SZ 6, 289

Heute bin ich zumindest sicher, daß ein Vergnügen darin besteht, eine schöne Sache mit einer bestimmten Person, wenn auch nicht zu sehen, so doch wenigstens gesehen zu haben.

SZ 6, 342

Denn da der Geist über eine große Gabe der Imagination und eine nur sehr geringe des Urteils verfügt, stellt er sich die anderen groß wie er selber vor und hält sich selber für klein.

JS 2, 563

Doch die Furcht vor etwas Möglichem ist schwach gegenüber einer gesicherten Lust. Von vornherein beginnt der Sog, der von den Armen einer Frau ausgeht, von einem unbekannten Meer, dem Sofa oder der Zigarette, die uns festhalten, dem Spaziergang, der uns anzieht, unser Hirn zu verwirren und es geneigt zu machen, das Vergnügen, das schon so nahe vor uns liegt und unser Herz höher schlagen läßt, sich lebhaft auszumalen, keineswegs jedoch dazu, so viele Aus-

58

sichten auf flüchtige Vergnügungen dem Risiko unwiderruf-
lichen Unglücks zu opfern. Daher sehen wir denn auch jeden
Tag mit an, wie der Lüstling sich überall Genuß zu verschaffen sucht, der Reisefreudige Reisen unternimmt, der Träge
seiner Trägheit frönt und die Lebenden Tag für Tag ohne einen Gedanken an den Tod ihr Leben genießen. Der Schlem-
mer denkt nicht daran, daß gerade das Gläschen, das er vor
sich hat, ihm die Gicht bringen wird. JS 2, 630

Ein elegantes Milieu ist jenes, in dem die Meinung eines jeden aus der Meinung der anderen besteht. FT 66

Es gibt Personen, die leben, sozusagen ohne die Kräfte dazu
zu haben, wie es Personen gibt, die singen, ohne Stimme zu
haben. EC 333

Liebe, Sex & Co.

Er heiratete sie nur deshalb nicht, weil ein Instinkt für das Zweckmäßige ihn erkennen ließ, daß sie, sobald sie nichts mehr von ihm zu erwarten hätte, ihn verlassen oder zumindest ganz ihren Neigungen leben werde und daß man sie in der Hoffnung auf das erhalten müsse, was der nächste Tag brächte. SZ 3, 215

»Liebe?« hatte sie einmal einer prätentiösen Dame auf deren Frage »Was halten Sie von der Liebe?« geantwortet. »Liebe? Mache ich oft, doch drüber reden tu' ich nie.« SZ 3, 270

Welch dumme Pute!, dachte ich, gereizt wegen der eisigen Begrüßung, die sie mir hatte zuteil werden lassen. Ich fand eine Art von bitterer Genugtuung darin, ihr völliges Unverständnis für Maeterlinck zu konstatieren. Und wegen einer solchen Frau laufe ich Morgen für Morgen kilometerweit, ich bin wirklich gut! Jetzt möchte ich sie nicht mehr geschenkt. SZ 3, 320

Denn mit den Liebesworten verhält es sich wie mit dem Libretto einer Oper, man vergißt ihre Albernheit, weil sie nicht vorgelesen werden, sondern gesungen. NW 535

Für den Homosexuellen aber beginnt das Laster nicht, wenn er Verbindungen mit Frauen knüpft (denn allzu viele Gründe können solche nahelegen), sondern wenn er seine Lust bei Frauen sucht. SZ 4, 36

»Ich glaube, Jean wird die Poesie lieben«, sagte Madame Santeuil zu ihrem Mann mit jenem schüchternen Ausdruck, den
ihre Sätze zu Anfang immer an sich trugen, weil sie in ihrer
demütigen und leidenschaftlichen Liebe fürchtete, sie könne
ihrem Gatten lästig sein und seine Gedanken, seine Verdauung und seine Ruhe stören.   JS 1, 51 f.

Außerdem ist es kein Zufall, daß intellektuelle und sensible
Menschen sich immer fühllosen und geistig unterlegenen
Frauen unterwerfen und trotz allem auch sehr an ihnen hän-
gen, und zwar so sehr, daß der Beweis dafür, daß sie nicht geliebt werden, sie keineswegs davon abhält, alles dafür zu geben, um eine solche Frau bei sich zu behalten.   SZ 6, 298

Von Beruf zu Beruf errät man einander, von Laster zu Laster
ebenfalls.   SZ 4, 62

Jede Tätigkeit des Geistes ist leicht, wenn sie nicht der Wirklichkeit untergeordnet werden muß.   SZ 4, 79

Der Homosexuelle hält sich für einzig in seiner Art auf der
Welt, später erst stellt er sich – und das ist wiederum eine
Übertreibung – vor, die einzige Ausnahme sei der normale
Mensch.   SZ 4, 99

Er liebte seine Frau so sehr, daß er ihr geben wollte, was
er für das Schönste auf der Welt hielt: eine große gesellschaftliche Stellung – so wie jener Gaukler, dessen naive
Frömmigkeit Anatole France unsterblich gemacht hat, da
er nichts konnte, was der Hl. Jungfrau hätte zu größerer Eh-

re gereichen können, vor ihrem Altar seine Purzelbäume
schlug. JS 1, 385

Das Verlangen hat wie der Hund einen Instinkt, der ihn sofort den Geruch des Verlangens beim andern wittern läßt,
wie verborgen er auch der sonstigen Umwelt bleiben mag.
JS 2, 1027

Wenn man sich krank glaubt, wird man es; man magert ab,
hat nicht mehr die Kraft, sich zu erheben, und leidet an nervösen Darmstörungen. Wenn man mit zärtlichen Gefühlen an
Manner denkt, wird man zu einer Frau. SZ 4, 453

Die Unterhaltung einer Frau, die man liebt, gleicht einem Boden, der über einem unterirdischen, gefahrvollen Wasserlauf
liegt; man spürt in jedem Augenblick unter den Worten die
Gegenwart, die durchdringende Kälte einer unsichtbaren
Flut; hier und da bemerkt man, wie sie heimtückisch den Boden näßt, sie selbst aber bleibt im verborgenen. SZ 4, 613 f.

Monsieur de Charlus hingegen, der sich in einer Stadt befand, aus der die reifen Männer, denen bisher seine Neigung
gegolten hatte, völlig verschwunden waren, hielt es, wie es
gewisse in Frankreich nur Frauen zugetane Franzosen halten, sobald sie in den Kolonien leben. Er hatte sich zuerst
aus Notwendigkeit damit abgefunden und dann daran gewöhnt, sich mit kleinen Jungen abzugeben. SZ 7, 114

In der Liebe ist unser glücklicher Rivale, das heißt also unser
Feind, unser Wohltäter. Einer Frau, die in uns nur ein unbe-

deutendes physisches Verlangen geweckt hat, verleiht er als-
bald einen ungeheuren Wert, der nichts mit ihr zu tun hat,
den wir aber mit ihr verwechseln. SZ 7, 316

Lügner hingegen überführt man selten und unter den Lüg-
nern am wenigsten die Frau, die man liebt. SZ 5, 250

Jedes geliebte Wesen und in gewissem Ausmaß sogar jedes
Wesen überhaupt ist für uns wie ein Januskopf, das heißt, es
zeigt uns, wenn es uns verläßt, die gefällige Seite, eine miß-
liebige jedoch, solange wir es ständig zu unserer Verfügung
wissen. SZ 5, 253

In der Liebe aber ist es leichter, auf ein Gefühl zu verzichten,
als eine Gewohnheit abzulegen. SZ 5, 509

»Ich finde es im Grunde lächerlich, daß ein so gescheiter
Mann sich um eine solche Person soviel Kummer macht.
Nicht einmal interessant ist sie, es heißt, sie sei furchtbar
dumm«, setzte sie mit der Weisheit derjenigen, die nicht lieben, hinzu, die alle der Meinung sind, ein Mann von Geist
solle nur um eine Frau unglücklich sein, die es auch verdient.
Mit dem gleichen Recht wundert man sich, daß sich jemand
herbeiläßt, wegen einer so unscheinbaren Kreatur, wie der
Kommabazillus es ist, an Cholera zu erkranken. SZ 1, 496

Manchmal hoffte er, sie werde ohne zu leiden bei einem Unfall umkommen, da sie ja von morgens bis abends soviel auf
Straßen und Landstraßen unterwegs war. SZ 1, 513

Die Wahrheit, die er liebte, war die, die ihm Odette gestehen
würde; um aber an diese Wahrheit zu kommen, war jene sel-
be Lüge ihm recht, die er Odette unaufhörlich als den si-
cheren Weg ausmalte, der jede menschliche Kreatur in die
Würdelosigkeit führe. Alles in allem log er genausoviel wie
Odette, da er zwar unglücklicher als sie, nicht aber minder
egoistisch war. SZ 1, 520 f.

Man muß zu dem Schluß kommen, daß eine solche Unter-
werfung der Elite unter die Gewöhnlichkeit in vielen Ehen
die Regel ist, wenn man bedenkt, wie viele hochkultivierte
Frauen umgekehrt sich von einem Grobian betören lassen,
der ihre zartsinnigsten Worte unerbittlich aburteilt, während
sie sich mit der unendlichen Nachsicht der Zärtlichkeit ange-
sichts seiner dummen Späße vor Entzücken nicht zu fassen
wissen. SZ 2, 134 f.

»Nervöse Menschen sollten immer unter ihrem Stand lieben,
wie man im Volk sagt, damit die Frau ihrer Wahl in ihrem eigenen Interesse stets erreichbar bleibt.« SZ 2, 196

Die Liebe wird unermeßlich groß, wir aber denken nicht daran, einen wie geringen Platz die wirkliche Frau darin ein-
nimmt. SZ 2, 621

Man trachtet zu sehen, was man liebt, man sollte aber viel-
mehr versuchen, es nicht zu sehen, da allein das Vergessen
schließlich zum Erlöschen des Verlangens führen kann.

SZ 6, 54

Wenn wir von der »Liebenswürdigkeit« einer Frau sprechen, projizieren wir vielleicht nur das Vergnügen, das wir bei ihrem Anblick empfinden, wie Kinder es tun, wenn sie sagen: Mein liebes Bettchen, mein liebes kleines Kopfkissen, mein lieber kleiner Weißdorn. Daraus erklärt sich im übrigen, daß Männer niemals von einer Frau, die sie nicht betrügt, sagen: Sie ist nett, sehr oft hingegen von einer Frau, die sie betrügt.

SZ 6, 122

Die beiden größten Fehlerquellen in den Beziehungen zu einem anderen Wesen ergeben sich daraus, daß man selbst ein gutes Herz hat oder jenes andere Wesen liebt.   SZ 6, 171

Bevor man zur Gleichgültigkeit zurückkehrt, von der man ausgegangen ist, kommt man also nicht darum herum, in umgekehrter Richtung die Strecke zurückzulegen, die man durchmessen hatte, um bei der Liebe anzulangen.   SZ 6, 212 f.

Man lügt sein ganzes Leben lang, auch und vor allem, vielleicht sogar einzig, den Menschen gegenüber, die einen lieben.

SZ 6, 289

Einerseits ist die Lüge häufig ein Charakterzug; andererseits ist sie bei Frauen, die sonst nicht verlogen sind, eine natürliche, improvisierte, dann immer besser ausgebaute Verteidigungsstellung gegen jene plötzliche Gefahr, die imstande wäre, jedes Leben zu zerstören: die Liebe.   SZ 6, 298

Allein ein junger Ehemann, der lange Zeit eine Geliebte gehabt hat, versteht sich darauf, seiner Frau vor dem Betreten eines Restaurants den Mantel abzunehmen und ihr all die Aufmerksamkeit zu erweisen, die ihr gebühren. SZ 6, 393

Die Homosexuellen wären die besten Ehemänner der Welt, wenn sie nicht Komödie spielten und täten, als seien sie für Frauen entflammt. SZ 6, 397 f.

Für die alten Witwen von Stande war er der Mittler zwischen dem Laster und ihnen, so wie andere Männer es zwischen ihnen und der Wissenschaft waren, weil es von ihnen hieß, sie hätten alle Bücher gelesen, während von ihm behauptet wurde, er habe alle Frauen gehabt. JS 1, 437

Die edlen Künste

In manchen von Frauen geschriebenen und als Meisterwerk geltenden Memoiren hat mich immer dieser oder jener Satz, der als ein Beispiel leichter Grazie zitiert wird, auf den Gedanken gebracht, daß die Verfasserin, um zu einer solchen Leichtigkeit zu gelangen, früher ein etwas schwerfälliges Wissen, eine abstoßende Bildungsfülle habe besitzen müssen und daß sie als junges Mädchen wahrscheinlich unter ihren Freundinnen als unerträglicher Blaustrumpf gegolten hatte.

SZ 3, 257

Ein Künstler, und mag er noch so bescheiden sein, ist immer einverstanden, wenn man ihm vor seinen Rivalen den Vorrang gibt. SZ 3, 297

Die Personen, die wenig Geld haben, und jene, die viel haben, sind daran verhindert, Bücher zu kaufen, die ersteren durch Armut, die letzteren durch Geiz. EC 418

Trotzdem gibt es etwas, was die Macht besitzt, zur Verzweiflung zu treiben, wie das nie ein Mensch erreichen wird: das ist ein Klavier. SZ 4, 280

»Die hat doch keine Ahnung, was ein Gedicht ist«, antwortete Madame de Guermantes. »Ich selbst habe sie übrigens gar nicht erst zu hören brauchen. Es hat mir genügt zu sehen, wie sie mit ihren Lilien dahergekommen ist! Ich habe sofort gemerkt, daß sie kein Talent hat, als ich die Lilien sah!« SZ 3, 321

Ich kenne ihn (= Léautaud) nicht persönlich, ich weiß nichts über ihn. Aber ich habe ein Buch von ihm gelesen, das ›Amours‹ heißt, und wenn Sie nicht finden, daß es das abscheulichste und blödsinnigste Machwerk ist, das es gibt, ist einer von uns beiden verrückt geworden. BzL, 255

Die Angehörigen der großen Welt stellen sich Bücher gern wie eine Art Würfel vor, deren eine Fläche man abgenommen hat, so daß nun der Autor nichts Eiligeres zu tun hat, als die Personen, die er trifft, in sie »hineinzutun«. SZ 4, 103

In keinem Augenblick scheint Sainte-Beuve das Besondere begriffen zu haben, das in der Inspiration und der literarischen Arbeit liegt. GSB 27

Es gibt nichts Rührenderes als diese Ärmlichkeit der Mittel bei dem großen, blendenden Kritiker, der doch mit allen Wassern der stilistischen Eleganz, Eloquenz, Finesse, Spötterei, Rührung, Schlauheit oder Liebkosung gewaschen ist. GSB 41

Denn es gibt Leute, die nach zehn Zeilen eines mittelmäßigen Artikels vor Müdigkeit gähnen, aber jedes Jahr die Reise nach Bayreuth machen, um den *Ring* anzuhören. SZ 4, 317

»Daß er tot ist, ist doch kein Grund, ihn zum Genie zu stempeln.« SZ 4, 442

Der Berma stand, wie das Volk sagt, der Tod ins Antlitz geschrieben. Diesmal sah sie allerdings wie eine Marmorstatue vom Erechtheion aus. Ihre verhärteten Arterien waren schon

halb versteinert, man sah wie mit dem Meißel ausgehauene
lange Bänder in mineralischer Strenge über ihre Wangen lau-
fen.   SZ 7, 453

Wie oft ist man bei Sainte-Beuve versucht auszurufen: Was
für ein altes Kamel oder was für eine alte Kanaille!   GSB 116

Da aber sogar die besten Schriftsteller oft beim Herannahen
des Alters oder nachdem sie sich in einem Werk besonders
verausgabt haben, kein Talent mehr zeigen, muß man es ge-
wiß entschuldbar finden, wenn Damen der Gesellschaft von
einem bestimmten Augenblick an über keinen Geist mehr
verfügen.   SZ 7, 463

Große Tragödinnen sterben oft als Opfer der in ihrem Um-
kreis entstehenden häuslichen Intrigen, wie zuvor schon viel-
mals am Ende der Stücke, in denen sie aufgetreten sind.
                                                        SZ 7, 479

Sie saß ganz allein wie eine Gottheit da, die musikalischen
Feierlichkeiten vorsteht, eine Muse des Wagner-Kults und
der Migräne zugleich.   SZ 5, 353

»Ich denke es mir riesig amüsant, in alten Büchern zu stö-
bern und die Nase in vergilbtes Papier zu stecken«, hatte
sie mit der selbstzufriedenen Miene einer eleganten Frau hin-
zugefügt, die von sich behauptet, es sei ihr größtes Vergnügen, ohne Angst vor Verunreinigung schmutzige Dinge anzu-
fassen und zum Beispiel beim Kochen selbst »mit Hand anzu-
legen«.   SZ 1, 289

Da das Publikum von dem Charme, der Anmut, den Formen der Natur nur kennt, was sie den Clichés einer langsam verdauten Kunst verdankt, und jeder originale Künstler zuerst einmal diese Clichés verwirft, fanden Monsieur und Madame Cottard als echte Vertreter des Publikums an der Sonate von Vinteuil oder den Porträts des Malers nichts von dem, was für sie den Wohlklang der Musik oder die Schönheit der Malerei ausmachte. SZ 1, 310

Von diesem Augenblick an machte die Fürstin in der Hoffnung, Swann werde sie bemerken, wie eine weiße Maus, der man, um sie zu zähmen, ein Stück Zucker einmal hinhält, dann wieder entzieht, nur noch Kopfbewegungen, in denen tausend Zeichen des Einverständnisses lagen, die zu der Polonaise von Chopin in keiner Beziehung standen, in der Richtung, in der Swann sich befand, und sobald er den Platz wechselte, verlegte sie dementsprechend ihr magnetisch angezogenes Lächeln. SZ 1, 485

»Bergotte ist, was ich einen Flötenspieler nenne; man muß übrigens anerkennen, daß er angenehm spielt, wenn auch sehr maniriert, sehr affektiert. Das ist alles, und man muß sagen, das ist eben doch nicht viel. Niemals trifft man in seinen molluskenhaften Werken auf ein festes Gerüst.« SZ 2, 67 f.

Es ist das Alter, in dem ein großer Künstler der Gesellschaft der originellsten Geister die seiner Schüler vorzieht, die nichts mit ihm gemein haben als den Buchstaben seiner Lehre und von denen er beweihräuchert und gläubig angehört wird.

SZ 2, 258

Vielleicht gibt es Meisterwerke, die unter Gähnen zustande gekommen sind.

SZ 2, 551

Obwohl Jean nur gewisse Anlagen zur Malerei zeigte, hielt man ihn für einen Künstler, nicht eigentlich aufgrund dieser Anlagen, sondern weil er mit Victor Hugo, mit Leconte de Lisle, mit Saint-Saëns gut bekannt war, weil er schüchtern wirkte, große Augen hatte und, wenngleich der großen Welt nicht durch Geburt zugehörig, in ihr auf eine Weise akzeptiert war, die sogar bei den Höchstgestellten die Absicht verriet, ihn in sie aufzunehmen.

JS 2, 737

Diesmal verhielt sich Bergotte wie ein Theaterkritiker, der nicht ins Theater geht, wenn Stücke gegeben werden, über die er nicht Bericht zu erstatten hat, das heißt, er hörte überhaupt nicht mehr zu, da die geistreichen Worte, die ihm zu sagen oblagen, bereits gefunden waren.

JS 2, 949

Haben Sie einen gewissen Grad von Luxus erreicht, kaufen reiche Leute auch Bilder, weil ein Palais, in dessen Vestibül dauernd fünf oder sechs livrierte Lakaien stehen und das mehrere Eßzimmer umfaßt, einen allzu plumpen Eindruck von Luxus vermittelt, wenn nicht ein paar Bilder da sind.

JS 2, 1088

Der Körper

Die Züge genügten übrigens, um Zauber auszuüben, da sie nur die konventionelle Bedeutung einer Schrift besaßen und einen berühmten Namen erkennen ließen, der imponierend war; doch weckten sie schließlich auch den Gedanken, daß der Häßlichkeit etwas Aristokratisches anhaftet und daß es nicht darauf ankommt, ob das Gesicht einer großen Dame, sofern es distinguiert wirkt, auch schön ist.   SZ 3, 53

»Ich habe nur niemals begriffen, weshalb sie sich nicht ein gutsitzendes Gebiß gekauft hat, ihres ging immer los, bevor sie ihre Sätze beendet hatte, sie mußte sich unterbrechen, um es nicht zu verschlucken.«   SZ 3, 714

Doch seine Nase hatte, um sich schief über seinen Mund zu stellen, unter allen verfügbaren schrägen Linien vielleicht die einzige gewählt, die auf diesem Gesicht zu ziehen einem selbst nie eingefallen wäre und die ihm eine gewisse Note vulgärer Dummheit gab, die durch die Nachbarschaft eines normannischen apfelroten Teints noch bekräftigt wurde.   SZ 4, 459

Doch wenn die Augen manchmal das Organ sind, in dem sich der Geist enthüllt, so ist leider die Nase (ungeachtet der intimen Solidarität und unvermuteten Wechselwirkungen der Züge untereinander) im allgemeinen dasjenige, in dem sich am leichtesten die Dummheit offenbart.   SZ 4, 459

Auf den sich selbst so gleichgebliebenen und dennoch jetzt wie Nougatmasse vielfältig zusammengesetzten Wangen der Herzogin von Guermantes erkannte ich eine Spur von Grünspan, ein kleines zerstoßenes Stück rosiger Muschelschale sowie eine schwer zu definierende winzige Schwellung, kleiner als eine Mistelbeere und etwas undurchsichtiger, als eine Glasperle es gewöhnlich ist. SZ 7, 362

In Eintracht mit Madame Barrère, einer armenischen Muse, deren verdorrtes Gesicht an die Greueltaten der Türken erinnerte, während ihre Unterhaltung sie beinahe entschuldbar machte, hatte er seine Töchter tadellos erzogen. Neben den tadellosen Lektionen und besser als diese lebte er ihnen beispielhaft seine vollendete Einheit mit der Massakrierten vor, die in dem Fistelton ihrer Folterer das nichtssagende Geschwätz einer französischen Provinzlerin vorbrachte. NW 446

Sofort stellte ich fest, daß ihr pappiges Gesicht sich veränderte wie Fruchtsaft, der zu gären beginnt; es sah aus, als ob es sich definitiv zersetzte. SZ 5, 83

Wenn er sprach, hatte er gleichsam Brei im Mund, was wundervoll war, weil man spürte, daß es weniger von einer Mißbildung der Zunge als von einer Eigenschaft der Seele herrührte, gleichsam ein Rest jener Unschuld der Kindheit, die er nie verloren hatte. Alle Konsonanten, die er nicht aussprechen konnte, standen für ebenso viele Härten, zu denen er nicht imstande war. SZ 1, 296

Selbst diese Häßlichkeit aber von Gesichtern, die er doch so gut kannte, schien ihm neu, seitdem ihre Züge – anstatt für ihn praktisch benutzbare Zeichen für die Identifizierung einer Person zu sein, die ihm bis dahin eine bestimmte Menge von zu verfolgenden Vergnügungen, zu vermeidenden Unannehmlichkeiten oder zu erwidernden Höflichkeiten bedeutet hatten – nur nach ästhetischen Gesichtspunkten geordnet in der Autonomie ihrer Linien ruhten.   SZ 1, 472

Zudem ist die Fürstin Metternich häßlich.   NW 292

Die völlige Unabhängigkeit, zu der Norpois seine Gesichtsmuskeln erzogen hatte, gestattete ihm zuzuhören, ohne so auszusehen, als höre er überhaupt.   SZ 2, 42

Bergottes Organ war wirklich sonderbar; nichts beeinträchtigt so sehr die materiellen Eigenschaften der Stimme wie die Tatsache, daß sie Gedanken enthält.   SZ 2, 177

Ihr Gesicht, das fast häßlich wurde, glich dann jenen öden Gestaden, an denen das weit draußen liegende Meer durch den stets gleichen Widerschein, den ein unwandelbarer und lastender Horizont begrenzt, endlos die Sinne ermüdet.
                SZ 2, 226

Wegen ihres regen Geistes zog Madame Swann die Gesellschaft von Männern der von Frauen vor. Doch wenn sie die letzteren kritisierte, so tat sie es stets als Kokotte, indem sie auf Mängel hinwies, die ihnen bei den Männern schadeten, dicke Fesseln, ein häßlicher Teint, orthographische Fehler,

Haare an den Beinen, ein widerwärtiger Geruch, falsche Augenbrauen. SZ 2, 273

Tatsächlich stieg die Herzogin mit größter Schwierigkeit Treppen, sie war so unförmig dick, daß meine Mutter, als sie zu ihr ins Zimmer trat, einen Augenblick in Verlegenheit war, wo sie sie placieren könne. SZ 2, 430

Wenn Jean beim Eintreten sich ihr näherte, nahm Madame Servan seinen Kuß entgegen, ohne ihn zu erwidern, und sah dabei aus wie eine bunt bemalte Reliquienfigur. Ihr Gesicht hatte nämlich in ihrem Lebensherbst die Farbe der Blätter des wilden Weins angenommen und war von tausend Äderchen durchzogen, aber es rührte sich kaum. JS 1, 246 f.

Seine Häßlichkeit, seine große Nase, sein erdiger Teint, seine dürftigen Glieder schienen ebenso wie seine Wasserstiefel und sein großer weicher Hut Spezialanfertigungen zu sein. JS 1, 436

Und Bücher und Landschaften mögen zwar unseren Träumen nicht entsprechen, bleiben aber sich selbst treu. Das Fleisch der Frau jedoch verwelkt, und welches Vergnügen sollte mir dieser rote und vernarbte Hals bereiten, der sich einst wie ein Nest aus Honig und Rosen meinen Lippen dargeboten hätte? NW 345

Speis & Trank

»Sie haben recht daran getan, daß Sie vorgestern nicht zum Abendessen gekommen sind. Es hat eine Rautenscholle in Karbolsäure gegeben! Das war kein Gericht mehr für den Tisch, sondern für eine Isolierstation. Wirklich, Norpois treibt die Treue bis zum Heldentum: er nahm noch einmal davon!«   SZ 3, 707

»Aber ich hatte doch Champagner verlangt?« sagte er zu dem Oberkellner, der solchen zu bringen geglaubt hatte, als er vor die beiden Gäste zwei mit moussierendem Wein gefüllte Kelche stellte. »Aber Monsieur . . .« – »Nehmen Sie dieses grauenhafte Zeug weg, das selbst mit dem schlechtesten Champagner überhaupt nichts zu tun hat. Dies ist ein Brechmittel mit Namen ›Cup‹, bei dem gewöhnlich drei verweste Erdbeeren in einer Mischung aus Essig und Selterswasser schwimmen . . .«   SZ 4, 598

Es müßte wirklich sehr angenehm sein, so eine nette Person ganz für sich zu haben, bei der man etwas so Seltenes fände wie einen wirklich guten Tee.   SZ 1, 323

Vielleicht aber fand sich inzwischen in der im Dunkel verharrenden, sich stauenden Menge irgendein Schriftsteller, ein Liebhaber menschlicher Ichthyologie, der, wenn er zusah, wie die Kinnbacken von alten weiblichen Ungetümen sich über einen Brocken der verschluckten Nahrung schlossen, sich ein Vergnügen daraus machte, diese nach Rassen, nach

angeborenen und erworbenen Eigenschaften zu klassifizie-
ren, welche letzteren auch erklären, warum eine alte serbi-
sche Dame, deren Kinnlade auf einen großen Seefisch hin-
weist, infolge der Tatsache, daß sie seit ihrer frühen Jugend
sich in dem Süßwasserreservoir des Faubourg-Saint-Germain
aufgehalten hat, ihren Salat wie eine La Rochefoucauld ver-
speist. SZ 2, 365 f.

Ein einfaches Frühstückshörnchen, das wir selbst essen, bereitet uns mehr Vergnügen als alle Schnepfen, Junghasen und
Steinhühner, die Ludwig XV. vorgesetzt bekam. SZ 6, 122

Es ist eine Freude für den Bürger, der nach einem arbeitsrei-
chen Tag zum friedlichen Nachtmahl mit seinen Kindern
heimkehrt, seinen in gesunder Weise ermüdeten Geist abzu-
lenken und seine Zunge, die so lange hat ruhen müssen, wieder wach werden zu lassen – bis sie sich dann auf unmittelba-
re Weise in der Berührung mit einem vom Bratensaft glänzen-
den Hähnchen ergötzen kann – indem er erklärt: »Man kann
sagen, was man will, wir haben schon eine komische Regie-
rung!« JS 1, 188 f.

Bei einer Diskussion über die Anarchisten wurde es ernsthaf-
ter. Aber Madame Fremer sagte langsam, sich gleichsam re-
signiert der Fatalität eines Naturgesetzes beugend: »Was soll
das alles? Es wird immer Reiche und Arme geben.« Und all
diese Leute, von denen der Ärmste mindestens hunderttau-
send Francs an Renditen bezog, leerten, von ihren Skrupeln
befreit, mit herzlicher Fröhlichkeit ihr letztes Glas Champagner. FT 140

Mit jemandem regelmäßig zu dinieren ist ein entsetzlicher Keulenschlag für dessen Chancen, sich uns als historische Persönlichkeit einzuprägen. NW 503

Land & Leute

»Wir ziehen Begonien, schneiden Taxus, weil wir nichts Besseres haben und der Taxus und die Begonien es sich gefallen lassen.«   SZ 3, 400

Gewisse Frauen von nicht sehr hohem Rang in ihrer Heimatprovinz, aber glänzend verheiratet, reich, hübsch, bei den Herzoginnen beliebt, waren für Paris, wo man wenig über genealogische Fragen orientiert ist, ein ausgezeichneter und eleganter Importartikel.   SZ 3, 000

Wir glauben ja in der Tat gern, das Geheimnis der Stärke und der privilegierte Sitz der Schönheit liege dort, wo wir ein gesundes und glückliches Leben führen. »Sie werden sehen, was für eine Luft man dort hat. Ich garantiere Ihnen, dort werden Sie atmen können!« Leider aber hängt das Atmenkönnen nicht allein von der Luft ab.   JS 1, 267

»Ich habe noch immer hier für Sie drei unglückselige, schrecklich kleine japanische Bäume. Als ich eine Verkaufsanzeige gelesen hatte, habe ich meinen Pseudo-Sekretär hingeschickt, um sie zu kaufen. Welche Enttäuschung, als ich sie sah. Doch sie werden sich trotzdem zu etwas Niedlichem entwickeln, sie sind so alt und so winzig. Es ist, als ob man den Montblanc am Horizont im Opernglas betrachtet und sich dabei sagt: er ist 4810 Meter hoch.«   BzL, 274

Denn in Combray war jemand, »den man nicht kannte«, ein ebensowenig glaubhaftes Wesen wie ein Gott der Mythologie.   SZ 1, 85

Pariser können in dieser Gegend auch für teures Geld kein Land erwerben, denn die bretonischen Bauern, die reich sind und von nichts leben, wollen immer nur kaufen und sich niemals von etwas trennen, sei es aus einem Vorurteil heraus, das durch sein ehrwürdiges Alter zur Tradition geworden ist, sei es auf Grund der Chimäre, diese Ländereien würden eines Tages einen fabelhaften Wert besitzen.   JS 1, 277

In Paris, wo ich ihn nur bei Abendgesellschaften sah, unbeweglich, in seinen Frack geschnürt, durch den Auftrieb seines Stolzes, den Aufschwung seiner Gefallsucht und das Feuerwerk seiner Konversation in der Vertikale gehalten, beachtete ich nicht, wie sehr er gealtert war.   SZ 4, 383 f.

Das Badeleben enthob neue Bekanntschaften der drohenden Folgen für die Zukunft, die man in Paris hätte befürchten müssen. Männer der ersten Kreise, die ohne ihre Frauen nach Balbec gekommen waren, was alles sehr viel leichter machte, zeigten auf La Raspelière eine gewisse Zugänglichkeit und wurden so von Langweilern zu entzückenden Menschen.
                                                                    SZ 4, 655

Als Jean und seine Mutter aus Éteuilles abreisten, ließ Monsieur große Sträuße von Weißdorn und Schneeballen für sie schneiden, die Madame Santeuil nicht zurückzuweisen wagte. Doch sobald der Onkel verschwunden war, warf sie

sie fort, da sie fand, man habe unterwegs bereits genug zu
schleppen. JS 1, 225

In Combray kannte man alles, was vorüberkam, Menschen
wie Tiere, so gut, daß meine Tante, wenn sie zufällig einen
Hund auf der Straße sah, »den sie nicht kannte«, unaufhörlich daran dachte und dieser unfaßbaren Tatsache ihre In-
duktionsgabe und ihre freien Stunden widmete. SZ 1, 86

»In der Auvergne? Ja, wollen Sie sich denn von Flöhen und
Wanzen auffressen lassen? Wohl bekomm's!« SZ 1, 277

»Die Gegend gilt als häßlich, aber ich muß Ihnen sagen, sie
mißfällt mir nicht, ich hasse ›malerische‹ Regionen.« SZ 1, 495

Sonnenaufgänge gehören zu langen Eisenbahnfahrten wie
hartgekochte Eier, illustrierte Zeitungen, Kartenspiele und
Flüsse, auf denen Kähne sich abmühen, ohne vorwärtszu-
kommen. SZ 2, 326 f.

Ein Franzose, der bei den Muselmanen wohnt, gewöhnt sich
an die Sitten der Muselmanen, wenn er aber dort einen Franzosen trifft, findet er im gleichen Augenblick für dessen Beur-
teilung dennoch zur französischen Moralauffassung zurück.
JS 2, 1069

Sie gehörte zu den Menschen, die, da es ihnen eine geradezu körperliche Lust verschafft, zu behaupten, daß alles, was
sich in ihrer Umgebung zuträgt, außergewöhnlich sei, es
schließlich tatsächlich finden, ob es sich nun um politische

Ereignisse, um Dramen in der Gesellschaft oder um Veränderungen in der Temperatur und im Wechsel der Jahreszeiten – diese Ereignisse und Dramen des Landlebens – handelt.

JS 1, 189 f.

Er haßte die Gegend, fand sie abscheulich und beglückwünschte sich, bedrückt wie er war, fast dazu, da er die Notwendigkeit, die uns drängt, Dinge zunächst zu lieben, die dennoch so schnell vergessen sind, sehr ermüdend fand.

JS 1, 315

Es soll in der Provinz Krämerfrauen geben, deren Gehirn wie ein enger Käfig brennende Begierden nach *chic* einschließt wie wilde Tiere. Der Briefträger bringt ihnen *Le Gaulois*. Die Nachrichten aus der großen Welt werden im Nu verschlungen. Die unruhevollen Provinzdamen sind gesättigt. Und für eine Stunde wird in ihren von Genuß und Bewunderung geweiteten Pupillen heitere Zufriedenheit erstrahlen.

FT 61

»Es mag ja sein, daß er in Friesland über ein Inselreich gebietet, aber hier in Paris lebt er im Staub, den er kurzzeitig gegen den Dreck eintauschte, als er diese Straßendirne heiratete.«

NW 325

Zuletzt

»Ich für meine Person muß gestehen, daß mich nichts so amü-
siert wie diese kleinen Bosheiten, ohne die ich das Leben einfach öde fände.« SZ 2, 248

Nachwort

Wer es sich – nicht erst mit dem Erreichen des Pensionsalters – vornimmt, »endlich« Marcel Prousts Zyklus *Auf der Suche nach der verlorenen Zeit* zu lesen, muß schon im vorhinein Standfestigkeit beweisen. Denn kaum einem Werk der modernen Literatur schlagen derart hohe Vorurteilswellen entgegen. Prousts Roman, so heißt es dann, sei von ermüdender Langatmigkeit geprägt und behandele permanent »schwere« Themen wie »Zeit«, »Kunst« und »Erinnerung«. Übersehen wird dabei meist, daß die *Suche nach der verlorenen Zeit* in weiten Teilen ein prallgefüllter Gesellschaftsroman ist, der die Welt des Fin de siècle unter eine ironisch-satirisch getönte Lupe hält und dadurch großartige komische Passagen hervorbringt.

Wenn Proust dazu ansetzt, die aristokratischen oder großbürgerlichen Salons seiner Zeit zu beschreiben, so beleuchtet er deren Riten mit gleichsam soziologischem Interesse. Als »Meister der Konversation« (so der Proust-Experte Luzius Keller) läßt Proust einen Erzähler agieren, der oft aus der Distanz des Beobachters präzise festhält, wie die Protagonisten der Salons (nicht selten aber auch die der Dienstbotensphäre) agieren. Die zahllosen Gespräche, die der Erzähler belauscht und wiedergibt, dienen dazu, die Wortführer zu demaskieren und die Gesetzmäßigkeiten, nach denen sich gesellschaftliche Zirkel finden und wieder zerstreuen, zu verdeutlichen. Genüßlich führt Prousts Prosa Szenerien vor, die die Sündenböcke, Adabeis und Möchtegerngrößen des Gesellschaftslebens in Aktion zeigen. Wie hier gesprochen, debattiert und geurteilt wird, enthüllt die Leere, die von diesen sich selbst akklamierenden Kreisen ausgeht, und bringt den Erzähler nach und nach dazu, seine Berufung als Schriftsteller zu erkennen.

Vor diesem Hintergrund nimmt es nicht wunder, daß Prousts Werke reich gefüllt sind mit Sätzen, die die Herz- und Geschmacklosigkeiten, die Narzißmen und Dummheiten dessen zeigen, was die geschilderten Soziotope ausmacht. Manche Figuren – wie der Mediziner Cottard zum Beispiel – haben ihre Hauptfunktion darin, sich in zeittypischen Klischees zu ergehen und Dämlichkeit an Dämlichkeit zu reihen. Wenn Proust die unbeschwert vorgetragenen Meinungen seiner Gesellschaftsträger vorführt oder deren Physiognomien en détail nachzeichnet, zeigt er keine Scheu vor boshaften Formulierungen. Da treffen wir unverhofft auf Frauen, deren »Füße wie Schleppkähne« aussehen oder deren Gesichtszüge sich wie gärender Fruchtsaft verändern. Ob es um das Versteckspiel der Homosexuellen, um Eifersuchtsdramen, um die allgegenwärtige Lüge als Fundament der Gesellschaft, um die Häßlichkeit schlechthin oder um die Mißachtung der Kunst geht – wieder und wieder tendiert der Erzähler dazu, seine Beobachtungen in feinziselierte Bonmots münden zu lassen, die Proust als Kenner der französischen Moralistik ausweisen.

Nicht immer tritt die Boshaftigkeit dieser Sentenzen offen zutage. Die Eleganz der Proustschen Formulierungen bringt es mit sich, daß deren Spitzzüngigkeiten erst auf den zweiten Blick ins Auge stechen. Eine lapidare Beobachtung wie »Ein elegantes Milieu ist jenes, in dem die Meinung eines jeden

aus der Meinung der anderen besteht« zeigt, daß Boshaftig-
keiten mit dem Florett oft besser als mit dem schweren Säbel
zu plazieren sind. Für die vorliegende Sammlung (die Prousts
umfangreiche, bislang auf Deutsch kaum übersetzte Kor-
respondenz nur am Rande berücksichtigt) wurden deshalb
auch Zitate aufgenommen, die Boshaftes nur in Spurenele-
menten erhalten und in erster Linie bittere Lebenswahrhei-
ten mit größter Selbstverständlichkeit verkünden.

Wenn beispielsweise der Herzogin von Guermantes ein
»Ausdruck der Ermattung« attestiert wird, »der daher rührte, daß nicht nur diese Matinee, sondern auch das Leben
schon geraume Zeit währte«, so steckt in dieser Erläuterung
weit mehr als eine wenig charmante Betrachtung der Herzogin. Vielleicht fordern gerade diese mannigfachen, anspie-
lungsreichen Verknüpfungen, die sich fast auf jeder Seite
der Prosa Prousts finden, bei der Lektüre eine so hohe Aufmerksamkeit ein. Wo eben noch ein harmlos anmutender
Smalltalk im Hause der Verdurins nachgebildet wurde, da
herrscht im nächsten Satz eine analytische Präzision, die sich
in einer ungewöhnlichen Sentenz oder in einem vernichten-
den Verdikt äußert. Von »Kanaillen« oder »dummen Puten«
ist in Prousts Œuvre selten die Rede; seine Art, Nadelstiche
anzubringen, ist subtiler – und gerade deshalb von so großer
Treffsicherheit. Manche gesellschaftlichen Ereignisse lassen
sich auch knapp einhundert Jahre nach Prousts Tod nur dadurch ertragen, daß man Zuflucht zu feinsinnigen Bosheiten
nimmt. Man bediene sich.

Rainer Moritz

Quellenverzeichnis

Alle Zitate stammen aus folgenden Ausgaben:

Marcel Proust: Frankfurter Ausgabe. Herausgegeben von Luzius Keller. Aus dem Französischen von Eva Rechel-Mertens, Luzius Keller u. a. Suhrkamp Verlag Frankfurt am Main 1988-2002:

FT	Freuden und Tage und andere Erzählungen und Skizzen aus den Jahren 1892-1896 (I, 1)
EC	Essays, Chroniken und andere Schriften (I, 3)
SZ 1	Auf der Suche nach der verlorenen Zeit: Unterwegs zu Swann (II, 1)
SZ 2	Auf der Suche nach der verlorenen Zeit: Im Schatten junger Mädchenblüte (II, 2)
SZ 3	Auf der Suche nach der verlorenen Zeit: Guermantes (II, 3)
SZ 4	Auf der Suche nach der verlorenen Zeit: Sodom und Gomorrha (II, 4)
SZ 5	Auf der Suche nach der verlorenen Zeit: Die Gefangene (II, 5)
SZ 6	Auf der Suche nach der verlorenen Zeit: Die Flüchtige (II, 6)
SZ 7	Auf der Suche nach der verlorenen Zeit: Die wiedergefundene Zeit (II, 7)
JS 1 + 2	Jean Santeuil (III, 1-2)
GSB	Gegen Sainte-Beuve (III, 3)
NW	Nachgelassenes und Wiedergefundenes (Supplementband)
BzL	Marcel Proust: Briefe zum Leben. Herausgegeben und aus dem Französischen von Uwe Daube. Suhrkamp Verlag Frankfurt am Main, 1969

Die Kameliendame. Übersetzt von Walter Hoyer. Mit Illus-
    trationen von Paul Gavarni. it 2943 und it 3508. 265 Seiten

Léon Paul Fargue. Der Wanderer durch Paris. Aus dem
    Französischen von Katharina Spann. it 4141. 226 Seiten

Gustave Flaubert
Romane und Erzählungen. 8 Bände. it 1861-1868. 2752 Seiten
Bouvard und Pécuchet. Aus dem Französischen von Georg
    Goyert. Mit einem Vorwort von Victor Brombert und
    einem Nachwort von Uwe Japp. it 1861. 448 Seiten
Lehrjahre des Gefühls. it 2776 und it 3137. 627 Seiten
Madame Bovary. Aus dem Französischen von Maria Dessauer.
    it 1864. 432 Seiten. it 3515 und it 4019. 455 Seiten
November. Aus dem Französischen von Ernst Sander. Mit
    einem Nachwort von Monika Bosse. it 1865. 160 Seiten
Reise in den Orient. Aus dem Französischen von André Stoll
    und Reinhold Werner. it 1866. 464 Seiten
Salammbô. Aus dem Französischen von Georg Brustgi. Mit
    einem Nachwort und einer Bilddokumentation von Moni-
    ka Bosse und André Stoll. it 1867. 464 Seiten

Jean-Michel Guenassia. Der Club der unverbesserlichen
    Optimisten. Aus dem Französischen von Eva Moldenhauer.
    it 4136. 687 Seiten

Victor Hugo. Der Glöckner von Notre-Dame. Übersetzt
    von Else von Schorn. it 3537. 663 Seiten

Guy de Maupassant
Bel-Ami. Aus dem Französischen von Friedrich von Oppeln-
    Bronikowski. it 4040. 415 Seiten

Pierre und Jean. Die Geschichte zweier Brüder. Übersetzt von Ernst Weiß. it 3027. 176 Seiten

Honoré-Gabriel Riquetti Comte de Mirabeau
Der gelüftete Vorhang oder Lauras Erziehung. Übersetzt von Eva Moldenhauer. Mit einer Nachbemerkung von Norbert Miller. it 2852. 240 Seiten

Molière
Der Menschenfeind. Übersetzt von Hans Magnus Enzensberger. it 401. 128 Seiten

Michel de Montaigne
Essais. Herausgegeben und mit einem Nachwort versehen von Ralph-Rainer Wuthenow. Revidierte Fassung der Übertragung von Johann Joachim Bode. it 2814. 307 Seiten
Tagebuch einer Reise durch Italien, die Schweiz und Deutschland in den Jahren 1580 und 1581. Herausgegeben und übersetzt von Otto Flake. it 1074. 368 Seiten

Marcel Proust. Combray. Übersetzt von Eva Rechel-Mertens, revidiert von Luzius Keller. it 2878. 272 Seiten

François Rabelais. Gargantua und Pantagruel. Herausgegeben von Horst und Edith Heintze. Erläutert von Horst Heintze und Rolf Müller. Mit Illustrationen von Gustave Doré. it 77. 880 Seiten

Madame de Staël. Über Deutschland. Vollständige und neu durchgesehene Fassung der deutschen Erstausgabe von 1814 in der Gemeinschaftsübersetzung von Friedrich Buchholz, Samuel Heinrich Catel und Julius Eduard Hitzig. Herausgegeben und mit einem Nachwort versehen von Monika Bosse. Mit einem Register, Anmerkungen und einer Bilddokumentation. it 623. 864 Seiten

Stendhal

Armance. Übersetzt von Arthur Schurig. it 3033. 253 Seiten

Die Kartause von Parma. Übersetzt von Arthur Schurig. Bearbeitet von Hugo Beyer. it 1222 und it 2935. 640 Seiten

Rot und Schwarz. Zeitbild von 1830. Vollständige Ausgabe. Übersetzt von Arthur Schurig. Bearbeitet von Hugo Beyer. it 1210 und it 3506. 630 Seiten

Über die Liebe. Übersetzt und mit einer Einführung von Walter Hoyer. it 3262. 430 Seiten

Eugéne Sue. Die Geheimnisse von Paris. Vollständige Ausgabe. Zwei Bände in Kassette. Übersetzt und mit einem Nachwort versehen von Helmut Kossodo. it 3388. 1976 Seiten

Voltaire. Candide oder Der Optimismus. Übersetzt von Jürgen von Stackelberg. it 3510. 127 Seiten

Emile Zola

Das Geld. Übersetzt von Leopold Rosenzweig. it 4527. 554 Seiten

Germinal. Übersetzt von Armin Schwarz. Mit Illustrationen von Renate Sendler-Peters. it 720. 587 Seiten

Nana. Übersetzung und Nachwort von Erich Marx.
it 398 und it 3519. 533 Seiten
Thérèse Raquin. Roman. Übersetzt von Ernst Hardt.
it 1146. 274 Seiten

Die fabelhafte Welt des Jean-Marie

Eigentlich will Jean-Marie zur See fahren. Aber dann improvisiert er für eine englische Baronin eine Mahlzeit. Und die trägt ihm eine Empfehlung an ein altehrwürdiges 3-Sterne-Restaurant in Paris ein. Dort tafeln Aristokratinnen und Anarchisten, große und kleine Ganoven, Mätressen und Maharadschas. Noch interessanter geht es aber in der Küche zu – hier begegnet Jean-Marie der wahren Liebe seines Lebens.

Köstlich und leicht wie ein Soufflé, lebensklug und witzig wie ein Tischnachbar im Paradies: die Geschichte eines jungen Mannes, der nach Paris kommt und dort leben, lieben und kochen lernt – nur nicht in dieser Reihenfolge.

Idwal Jones, Die Sterne von Paris. Ein Roman der kulinarischen Abenteuer. Aus dem Englischen von Andrea Fischer. insel taschenbuch 4021. 223 Seiten

Eine verhängnisvolle Affäre

Die wohlbehütet aufgewachsene Emma hat ihre ganz eigene
Vorstellung von der Liebe: romantisch und erfüllend stellt sie
sich ihre Zukunft als Madame Bovary vor. Doch ihr Ehemann
und das Leben auf dem Lande erweisen sich als Ernüchterung.
Aus Lebens- und Liebeshunger entflieht sie der ehelichen Langeweile – und stürzt sich in Abenteuer, die unvorhergesehene
Konsequenzen nach sich ziehen …

»Es hat keine literarische Gestalt gegeben, mit der ich ein dau-
erhafteres und eindeutig leidenschaftlicheres Verhältnis gehabt
hätte als mit Emma Bovary.« *Mario Vargas Llosa*

Gustave Flaubert, Madame Bovary. Roman
Aus dem Französischen von Maria Dessauer. insel taschenbuch 4019. 455 Seiten

6 - 72

12 12